USEFUL EXPRESSIONS
in HEBREW
FOR THE ENGLISH-SPEAKING TOURIST

Editors: A. Z. Stern — Joseph A. Reif, Ph.D.

·K·U·P·E·R·

© 1992 KS-JM Books

Distributed in the United Kingdom by:
Kuperard (London) Ltd.
No. 9 Hampstead West
224 Iverson Road
West Hampstead
London NW6 2HL

ISBN 1-870668-73-1

All rights reserved. No part of this book may be reproduced or transmitted
in any form or by any means, electronic or mechanical. including
photocopying, recording or by any information storage and retrieval
system without permission in writing.

This booklet is an up-to-date and practical phrase book for your trip to Israel. It includes the phrases and vocabulary you will need in most of the situations in which you will find yourself, and it contains a pronunciation guide for all the material. Some of the phrases occur in more than one section so that you do not have to turn pages back and forth. At the beginning is a basic, general vocabulary with which you should become familiar, and at the end is a list of emergency expressions for quick reference.

The pronunciation of modern Hebrew is fairly simple. With one or two exceptions the sounds are very similar to English sounds, and you will quickly achieve an easily understandable accent.

VOWELS:
- **a** like **a** in f**a**ther
- **e** like **e** in l**e**t, sometimes more like **a** in l**a**te
- **i** like **i** in f**i**t, sometimes more like **ee** in f**ee**t
- **o** like **o** in h**o**t, (for Americans like **aw** in s**aw**)
- **u** like **oo** in sh**oo**k, sometimes more like **oo** in f**oo**d
- **ey** like **a** in l**a**te
- **ay** like **igh** in n**igh**t

CONSONANTS: b, d, f, h, j, k, l, m, n, p, s, t, v, x, y, z, sh, as in English
- **g** as in **g**o (not as in **g**entle)
- **r** is rolled in the back of the mouth, as in German
- **kh** and **ḥ** as the **ch** in Scottich lo**ch** (The different transcriptions represent two different Hebrew letters which are pronounced slightly differently by some speakers.)

Hebrew words are generally accented on the last syllable. Words in which the accent is on another syllable are indicated with an accent mark over the accented vowel.

CONTENTS

Basic Dictionary 1
First meeting; Greetings 10
Hotel 12
Information at hotel 15
Taxi 18
In the post office 19
In the restaurant 21
Grocery 25
Fruits and vegetables 26
Bank 29
Clothes 30
Colors 33
Laundry 34
Bookshop 34
At the hairdresser 35
The Weather 36
Transport 37
Train; Bus 37
Airplane 39
Car journey 40
Traffic signs 43
Garage 46
Repairs 47
Parts of a car 48
Physicians 49
Types of doctors 49
Illnesses 50
Parts of the body 51
Pharmacy 54
Time 55
Days of the week 56
Months 57
Seasons 57
Numbers 58
Emergency expressions 60

BASIC DICTIONARY	MILIM BESISIYOT	מלים בסיסיות
Thank you	toda	תּוֹדָה
Thank you very much	toda raba	תּוֹדָה רַבָּה
Please	bevakasha	בְּבַקָּשָׁה
Excuse me	sliḥa	סְלִיחָה
Never mind	eyn davar	אֵין דָּבָר
What? What is that?	ma? ma ze?	מַה? מַה זֶּה?
Where? Where is that?	eyfo? eyfo ze?	אֵיפֹה? אֵיפֹה זֶה?
When? How?	matay? eykh?	מָתַי? אֵיךְ?
Which? Why?	eyze? láma?	אֵיזֶה? לָמָּה
Is that?	ha'im ze?	הַאִם זֶה?
That is not	ze lo	זֶה לֹא
Yes, no, perhaps	ken, lo, ulay	כֵּן, לֹא, אוּלַי
Correct, incorrect	nakhon, lo nakhon	נָכוֹן, לֹא נָכוֹן
So so	kákha kákha	כָּכָה כָּכָה
Good, bad	tov, ra	טוֹב, רַע
Not good, not bad	lo tov, lo ra	לֹא טוֹב, לֹא רַע
There is, there is not (none)	yesh, eyn	יֵשׁ, אֵין

I, you (m.s.), (f.s.)	ani, ata, at	אֲנִי, אַתָּה, אַתְּ
He, she	hu, hi	הוּא, הִיא
We, you (m. pl.), (f. pl.)	anáḥnu, atem, aten	אֲנַחְנוּ, אַתֶּם, אַתֶּן
They (m., f.)	hem, hen	הֵם, הֵן
Mine, yours	sheli, shelkha	שֶׁלִּי, שֶׁלְּךָ
Ours, theirs	shelánu, shelakhem	שֶׁלָּנוּ, שֶׁלָּכֶם
At my place, at your place	etzli, etzlekha	אֶצְלִי, אֶצְלְךָ
Wet, dry	ratov, yavesh	רָטוֹב, יָבֵשׁ
Old, new	yashan, ḥadash	יָשָׁן, חָדָשׁ
Pretty, not nice	yafe, lo yafe	יָפֶה, לֹא יָפֶה
Much, few	harbe, me'at	הַרְבֵּה, מְעַט
How many, How much	káma?	כַּמָּה?
Cheap, expensive	zol, yakar	זוֹל, יָקָר
Very expensive	yakar me'od	יָקָר מְאוֹד
Free (of charge)	ḥinam	חִנָּם
More, less	yoter, paḥot	יוֹתֵר, פָּחוֹת
Cheaper, more expensive	zol yoter, yakar yoter	זוֹל יוֹתֵר, יָקָר יוֹתֵר
Heavy, light	kaved, kal	כָּבֵד, קַל

Now, at the same time as...	akhshav, bizman she-	עַכְשָׁיו, בִּזְמַן שֶׁ...
During	beméshekh	בְּמֶשֶׁךְ
Early, late	mukdam, me'uḥar	מֻקְדָּם, מְאֻחָר
On time, in time	bazman	בַּזְּמַן
Here, there	kan, sham	כַּאן, שָׁם
Inside, outside	bifnim, baḥutz	בִּפְנִים, בַּחוּץ
Up (stairs), down (stairs)	lemála, lemata	לְמַעְלָה, לְמַטָּה
To...	le...	לְ-
Near, far	karov, raḥok	קָרוֹב, רָחוֹק
In front of	mul	מוּל
Behind (after)	me'aḥorey, (aḥarey)	מֵאֲחוֹרֵי, (אַחֲרֵי)
Sky	shamá'yim	שָׁמַיִם
Sun, moon	shémesh, yaréaḥ	שֶׁמֶשׁ, יָרֵחַ
Stars	kokhavim	כּוֹכָבִים
Light, darkness	or, ḥóshekh	אוֹר, חוֹשֶׁךְ
Heat, cold, warm	ḥom, kor, ḥam	חוֹם, קוֹר, חַם
East, west	mizraḥ, ma'arav	מִזְרַח, מַעֲרָב
North, south	tzafon, darom	צָפוֹן, דָּרוֹם

Rain, snow, wind	géshem, shéleg, rúaḥ	גֶּשֶׁם, שֶׁלֶג, רוּחַ
Earth, mountain, valley	éretz, har, émek	אֶרֶץ, הַר, עֵמֶק
River, bridge	nahar, gésher	נָהָר, גֶּשֶׁר
Desert, sand	midbar, ḥol	מִדְבָּר, חוֹל
Sea, water, ship	yam, máyim, oniya	יָם, מַיִם, אֳנִיָּה
Country, place	medina, makom	מְדִינָה, מָקוֹם
City, village	ir, kfar	עִיר, כְּפָר
Road, street	dérekh, reḥov	דֶּרֶךְ, רְחוֹב
House, flat	báyit, dira	בַּיִת, דִּירָה
Room, door	ḥéder, délet	חֶדֶר, דֶּלֶת
Key, lock	mafté'aḥ, man'ul	מַפְתֵּחַ, מַנְעוּל
Wall, window	kir, ḥalon	קִיר, חַלּוֹן
Roof, steps	gag, madregot	גַּג, מַדְרֵגוֹת
Kitchen, toilet	mitbaḥ, noḥiyut	מִטְבָּח, נוֹחִיּוּת
Bed, pillows	mita, karim	מִטָּה, כָּרִים
Blanket, carpet	smikha, shatí'aḥ	שְׂמִיכָה, שָׁטִיחַ
Table, chair	shulḥan, kise	שֻׁלְחָן, כִּסֵּא
Man, woman	ish, isha	אִישׁ, אִשָּׁה

Father, mother	av, em	אָב, אֵם
Son, daughter	ben, bat	בֵּן, בַּת
Grandson, granddaughter	nékhed, nekhda	נֶכֶד, נֶכְדָּה
Brother, sister	aḥ, aḥot	אָח, אָחוֹת,
Uncle, aunt	dod, doda	דּוֹד, דּוֹדָה
Husband, wife	báal, isha	בַּעַל, אִשָּׁה
Boy, girl	yéled, yalda	יֶלֶד, יַלְדָּה
Old man, old woman	zaken, zkena	זָקֵן, זְקֵנָה
To want	lirtzot	לִרְצוֹת
I want, you want	ani rotze, ata rotze	אֲנִי רוֹצֶה, אַתָּה רוֹצֶה
I wanted, you wanted	ratziti, ratzíta	רָצִיתִי, רָצִיתָ
I will want, you will want	ertze, tirtze	אֶרְצֶה, תִּרְצֶה
I do not want	ani lo rotze	אֲנִי לֹא רוֹצֶה
To visit	levaker	לְבַקֵּר
I visit, you visit	ani mevaker, ata mevaker	אֲנִי מְבַקֵּר, אַתָּה מְבַקֵּר
I visited, you visited	bikárti, bikárta	בִּקַּרְתִּי, בִּקַּרְתָּ
I will visit, you will visit	avaker, tevaker	אֲבַקֵּר, תְּבַקֵּר
To speak	ledaber	לְדַבֵּר

I speak, you speak	ani medaber, ata medaber	אֲנִי מְדַבֵּר, אַתָּה מְדַבֵּר
I spoke, you spoke	dibárti, dibárta	דִּבַּרְתִּי, דִּבַּרְתָּ
I will speak, you will speak	adaber, tedaber	אֲדַבֵּר, תְּדַבֵּר
I do not speak	ani lo medaber	אֲנִי לֹא מְדַבֵּר
To understand	lehavin	לְהָבִין
I understand, you understand	ani mevin, ata mevin	אֲנִי מֵבִין, אַתָּה מֵבִין
I understood, you understood	hevánti, hevánta	הֵבַנְתִּי, הֵבַנְתָּ
I do not understand	ani lo mevin	אֲנִי לֹא מֵבִין
To go	lalékhet	לָלֶכֶת
I go, you go	ani holekh, ata holekh	אֲנִי הוֹלֵךְ, אַתָּה הוֹלֵךְ
I went, you went	halákhti, halákhta	הָלַכְתִּי, הָלַכְתָּ
I will go, you will go	elekh, telekh	אֵלֵךְ, תֵּלֵךְ
I do not go	ani lo holekh	אֲנִי לֹא הוֹלֵךְ
To travel	linsó'a	לִנְסוֹעַ
I travel, you travel	ani nosé'a, ata nosé'a	אֲנִי נוֹסֵעַ, אַתָּה נוֹסֵעַ
I travelled, you travelled	nasáti, nasáta	נָסַעְתִּי, נָסַעְתָּ
I will travel, you will travel	esa, tisa	אֶסַּע, תִּסַּע
I do not travel	ani lo nosé'a	אֲנִי לֹא נוֹסֵעַ

To stand	la'amod	לַעֲמוֹד
I stand, you stand	ani omed, ata omed	אֲנִי עוֹמֵד, אַתָּה עוֹמֵד
I stood, you stood	amádeti, amádeta	עָמַדְתִּי, עָמַדְתָּ
I will stand, you will stand	e'emod, ta'amod	אֶעֱמוֹד, תַּעֲמוֹד
I do not stand	ani lo omed	אֲנִי לֹא עוֹמֵד
To sleep	lishon	לִישׁוֹן
I sleep, you sleep	ani yashen, ata yashen	אֲנִי יָשֵׁן, אַתָּה יָשֵׁן
I slept, you slept	yashánti, yashánta	יָשַׁנְתִּי, יָשַׁנְתָּ
I will sleep, you will sleep	ishan, tishan	אִישַׁן, תִּישַׁן
I do not sleep	ani lo yashen	אֲנִי לֹא יָשֵׁן
To rest	lanú'aḥ	לָנוּחַ
I rest, you rest	ani naḥ, ata naḥ	אֲנִי נָח, אַתָּה נָח
I rested, you rested	náḥti, náḥta	נַחְתִּי, נַחְתָּ
I will rest, you will rest	anú'aḥ, tanú'aḥ	אָנוּחַ, תָּנוּחַ
I do not rest	ani lo naḥ	אֲנִי לֹא נָח
To eat	le'ekhol	לֶאֱכוֹל
I eat, you eat	ani okhel, ata okhel	אֲנִי אוֹכֵל, אַתָּה אוֹכֵל
I ate, you ate	akhálti, akhálta	אָכַלְתִּי, אָכַלְתָּ

I will eat, you will eat	okhal, tokhal	אֹכַל, תֹּאכַל
I do not eat	ani lo okhel	אֲנִי לֹא אוֹכֵל
To drink	lishtot	לִשְׁתּוֹת
I drink, you drink	ani shote, ata shote	אֲנִי שׁוֹתֶה, אַתָּה שׁוֹתֶה
I drank, you drank	shatíti, shatíta	שָׁתִיתִי, שָׁתִיתָ
I will drink, you will drink	eshte, tishte	אֶשְׁתֶּה, תִּשְׁתֶּה
I do not drink	ani lo shote	אֲנִי לֹא שׁוֹתֶה
To be afraid	lefaḥed	לְפַחֵד
I am afraid, you are afraid	ani mefaḥed, ata mefaḥed	אֲנִי מְפַחֵד, אַתָּה מְפַחֵד
I was afraid, you were afraid	paḥádeti, paḥádeta	פָּחַדְתִּי, פָּחַדְתָּ
I will be afraid	afaḥed	אֲפַחֵד
You will be afraid	tefaḥed	תְּפַחֵד
I am not afraid	ani lo mefaḥed	אֲנִי לֹא מְפַחֵד
Don't be afraid	eyn páḥad	אֵין פַּחַד
To sit	lashévet	לָשֶׁבֶת,
I sit, you sit	ani yoshev, ata yoshev	אֲנִי יוֹשֵׁב, אַתָּה יוֹשֵׁב
I sat, you sat	yashávti, yashávta	יָשַׁבְתִּי, יָשַׁבְתָּ
I will sit, you will sit	eshev, teshev	אֵשֵׁב, תֵּשֵׁב
I don't sit	ani lo yoshev	אֲנִי לֹא יוֹשֵׁב

To hurry	lemaher	לְמַהֵר
I am in a hurry	ani memaher	אֲנִי מְמַהֵר
You are in a hurry	ata memaher	אַתָּה מְמַהֵר
I hurried, you hurried	mihárti, mihárta	מִהַרְתִּי, מִהַרְתָּ
I will hurry, you will hurry	amaher, temaher	אֲמַהֵר, תְּמַהֵר
I am not in a hurry	ani lo memaher	אֲנִי לֹא מְמַהֵר
To ask for help	levakesh ezra	לְבַקֵּשׁ עֶזְרָה
I ask for help	ani mevakesh ezra	אֲנִי מְבַקֵּשׁ עֶזְרָה
You ask for help	ata mevakesh ezra	אַתָּה מְבַקֵּשׁ עֶזְרָה
I asked for help	bikáshti ezra	בִּקַּשְׁתִּי עֶזְרָה
You asked for help	bikáshta ezra	בִּקַּשְׁתָּ עֶזְרָה
I am not asking for help	ani lo mevakesh ezra	אֲנִי לֹא מְבַקֵּשׁ עֶזְרָה
Passport	darkon	דַּרְכּוֹן
Flight	tisa	טִיסָה
Outgoing flight	tisa yotzet	טִיסָה יוֹצֵאת
Following flight	tisa ba'a	טִיסָה בָּאָה
Flight number, Suitcase	mispar tisa, mizvada	מִסְפַּר טִיסָה, מִזְוָדָה
Customs, Money	mékhes, késef	מֶכֶס, כֶּסֶף

FIRST MEETING; GREETINGS	PEGISHA RISHONA; BRAKHOT	פגישה ראשונה, ברכות
Hello	shalom	שָׁלוֹם
Good morning	bóker tov	בּוֹקֶר טוֹב
Good evening	erev tov	עֶרֶב טוֹב
Good night	láyla tov	לַיְלָה טוֹב
Welcome!	barukh haba!	בָּרוּךְ הַבָּא!
My name is …	shmi …	שְׁמִי…
I am from England	ani me'anglia	אֲנִי מֵאַנְגְלִיָה
I am from the United-States	ani me'artzot habrit	אֲנִי מֵאַרְצוֹת הַבְּרִית
I speak only English	ani medaber rak anglit	אֲנִי מְדַבֵּר רַק אַנְגְלִית
I am pleased to meet you	ani samé'aḥ lifgosh otkha	אֲנִי שָׂמֵחַ לִפְגּוֹשׁ אוֹתְךָ
How are you?	ma shlomkḥa?	מַה שְׁלוֹמְךָ?
Thank you, And how are you?	toda; uma shlomkha?	תּוֹדָה, וּמַה שְׁלוֹמְךָ אַתָּה?
How are things?	ma nishma	מַה נִשְׁמַע?
All right	hakol beśeder	הַכּוֹל בְּסֵדֶר
I've come to learn about your country	báti lehakir et artzekhem	בָּאתִי לְהַכִּיר אֶת אַרְצְכֶם

I've come on a vacation	báti leḥufsha	בָּאתִי לְחוּפְשָׁה
Is there someone here who speaks English?	ha'im yesh po mishehu ha-medaber anglit?	הַאִם יֵשׁ פֹּה מִישֶׁהוּ הַמְדַבֵּר אַנְגְּלִית?
Yes, no	ken, lo	כֵּן, לֹא
I don't speak Hebrew	ani lo medaber ivrit	אֲנִי לֹא מְדַבֵּר עִבְרִית
I speak English	ani medaber anglit	אֲנִי מְדַבֵּר אַנְגְּלִית
I speak a little	ani medaber ketzat	אֲנִי מְדַבֵּר קְצָת
Do you understand me?	ha'im ata mevin oti?	הַאִם אַתָּה מֵבִין אוֹתִי?
I understand a little	ani mevin ketzat	אֲנִי מֵבִין קְצָת
Excuse me	sliḥa	סְלִיחָה
I am sorry	ani mitzta'er	אֲנִי מִצְטַעֵר
It doesn't matter	eyn davar	אֵין דָּבָר
Thank you very much	toda raba	תּוֹדָה רַבָּה
Don't mention it	al lo davar	עַל לֹא דָבָר
What do you want?	ma retzonkha?	מָה רְצוֹנְךָ?
I would like to visit the city	ani rotze levaker ba'ir	אֲנִי רוֹצֶה לְבַקֵּר בָּעִיר
Wait a minute!	ḥake réga!	חַכֵּה רֶגַע!
Come with me!	bo iti!	בּוֹא אִתִּי!

I have to leave now	alay lehipared kvar	עָלַי לְהִפָּרֵד כְּבָר
Thank you for your attention	toda al tśumet libkha	תּוֹדָה עַל תְּשׂוּמֶת לִבְּךָ
Good luck!	behatzlaḥa!	בְּהַצְלָחָה!
See you later!	lehitra'ot!	לְהִתְרָאוֹת!
Goodbye!	shalom!	שָׁלוֹם!

HOTEL	**BAMALON**	במלון
I am looking for a good hotel	ani meḥapes malon tov	אֲנִי מְחַפֵּשׂ מָלוֹן טוֹב
I am looking for an inexpensive hotel	ani meḥapes malon zol	אֲנִי מְחַפֵּשׂ מָלוֹן זוֹל
I booked a room here, is it ready?	hizmánti etzlekhem ḥéder. ha'im hu mukhan?	הִזְמַנְתִּי אֶצְלְכֶם חֶדֶר הַאִם הוּא מוּכָן?
Have you a single room? A double room?	ha'im yesh lakhem ḥéder le'adam eḥad? lezug?	הַאִם יֵשׁ לָכֶם חֶדֶר לְאָדָם אֶחָד? לְזוּג?
Have you a better room?	ha'im yesh lakhem ḥéder tov yoter?	הַאִם יֵשׁ לָכֶם חֶדֶר טוֹב יוֹתֵר?
Is the room air-conditioned?	ha'im yesh baḥéder mizug avir?	הַאִם יֵשׁ בַּחֶדֶר מִזּוּג אֲוִיר?

Does the room have a shower?	ha'im yesh baḥéder mikláḥat?	הַאִם יֵשׁ בַּחֶדֶר מִקְלַחַת?
With breakfast?	im aruhat bóker?	עִם אֲרוּחַת בּוֹקֶר?
How much is the room?	mahu meḥir haḥéder?	מַהוּ מְחִיר הַחֶדֶר?
I should like to see the room	ha'efshar lir'ot et haḥéder?	הַאֶפְשָׁר לִרְאוֹת אֶת הַחֶדֶר?
Do you have something bigger? Smaller? Cheaper? Quieter?	ha'im yesh lakhem mashehu gadol yoter? katan yoter? zol yoter? shaket yoter?	הַאִם יֵשׁ לָכֶם מַשֶּׁהוּ גָּדוֹל יוֹתֵר? קָטָן יוֹתֵר? זוֹל יוֹתֵר? שָׁקֵט יוֹתֵר?
Will you send for my bags?	ha'im efshar leha'alot et ha-mizvadot el ha-ḥéder?	הַאִם אֶפְשָׁר לְהַעֲלוֹת אֶת הַמִּזְוָדוֹת אֶל הַחֶדֶר?
I would like to keep this in the safe	ani rotze lishmor et ze bakaséfet	אֲנִי רוֹצֶה לִשְׁמוֹר אֶת זֶה בַּכַּסֶּפֶת
Where is the ladies' room? The men's room?	sliḥa, heykhan hem ha-sherutim lenashim? ligvarim?	סְלִיחָה, הֵיכָן הֵם הַשֵּׁרוּתִים לְנָשִׁים? לִגְבָרִים?
Where is the dining room? T.V. Room?	éyfo ḥadar ha-ókhel? ḥadar ha-televizia?	אֵיפֹה חֲדַר הָאֹכֶל? חֲדַר הַטֶּלֶוִיזְיָה?
Please, wake me at …	avakesh leha'ir oti besha'a …	אֲבַקֵּשׁ לְהָעִיר אוֹתִי בְּשָׁעָה...

Who's there? Please wait!	mi sham? réga!	מִי שָׁם? רֶגַע!
Come in!	hikanes!	הִכָּנֵס!
May I have another towel?	ha'ukhal lekabel od maǵevet?	הַאוּכַל לְקַבֵּל עוֹד מַגֶּבֶת?
May I have another pillow?	ha'ukhal lekabel kar nosaf?	הַאוּכַל לְקַבֵּל כַּר נוֹסָף?
...another blanket?	...smikha noséfet?	שְׂמִיכָה נוֹסֶפֶת?
...hangers?	...kolavim?	קוֹלָבִים?
...hot water bottle?	...bakbuk ḥam?	בַּקְבּוּק חַם?
...night lamp?	...menorat láyla?	מְנוֹרַת לַיְלָה?
...needle and thread?	...ḥut u-máḥat?	חוּט וּמַחַט?
...writing paper? pen?	...neyar ktiva? et?	נְיַיר כְּתִיבָה, עֵט
Could you cable abroad for me?	ha'im tukhlu lishló'aḥ bishvili mivrak leḥutz la'áretz?	הַאִם תּוּכְלוּ לִשְׁלוֹחַ בִּשְׁבִילִי מִבְרָק לְחוּץ לָאָרֶץ
A vacant room	ḥéder panuy	חֶדֶר פָּנוּי
Receptionist	pkid kabala	פְּקִיד קַבָּלָה
Chambermaid	ḥadranit	חַדְרָנִית
Security Officer	ish ha-bitaḥon	אִישׁ הַבִּטָּחוֹן
Waiter	meltzar	מֶלְצַר
Dining Room	ḥadar ókhel	חֲדַר אוֹכֶל

Reception Room	ḥadar ha'araḥa	חֲדַר הָאֲרָחָה
Lift (Elevator)	ma'alit	מַעֲלִית
Room key	mafté'aḥ la-ḥéder	מַפְתֵּחַ לַחֶדֶר
Room number	mispar ha-ḥéder	מִסְפַּר הַחֶדֶר
Bed	mita	מִטָּה
Blanket	smikha	שְׂמִיכָה
Sheet	sadin	סָדִין
Mens toilet	noḥiyut ligvarim	נוֹחִיּוּת לִגְבָרִים
Ladies' toilet	noḥiyut lenashim	נוֹחִיּוּת לְנָשִׁים
Toilet paper	neyar to'alet	נְיַר טוֹאַלֶט

INFORMATION AT HOTEL	**KABALAT MEYDA BA-MALON**	קבלת מידע במלון
Is there a taxi station nearby?	éyfo yesh taḥanat moniyot krova?	אֵיפֹה יֵשׁ תַּחֲנַת מוֹנִיּוֹת קְרוֹבָה?
What is the telephone number?	ma mispar hatelefon?	מַה מִסְפַּר הַטֶּלֶפוֹן?
How do I get to …?	eykh lehagí'a el …	אֵיךְ לְהַגִּיעַ אֶל...?

By bus? Where is the bus stop?	ha'im ba'otobus? heykhan ha-taḥana?	הַאִם בָּאוֹטוֹבּוּס? הֵיכָן הַתַּחֲנָה?
Where is the nearest post office?	éyfo misrad ha-dó'ar ha-karov?	אֵיפֹה מִשְׂרַד הַדּוֹאַר הַקָּרוֹב?
Ladies' hairdresser	mispara ligvarot	מִסְפָּרָה לִגְבָרוֹת
Barber	mispara ligvarim	מִסְפָּרָה לִגְבָרִים
Laundry, shop	mikhbasa; ḥanut	מִכְבָּסָה, חֲנוּת
Where can I get a snack?	éyfo ukhal lekabel aruḥa kala?	אֵיפֹה אוּכַל לְקַבֵּל אֲרוּחָה קַלָּה?
Is there a grocery nearby?	éyfo nimtzet ḥanut makólet krova?	אֵיפֹה נִמְצֵאת חֲנוּת מַכּוֹלֶת קְרוֹבָה?
Where is the Tourist Information Office?	heykhan nimtzet lishkat modi'in letayarim?	הֵיכָן נִמְצֵאת לִשְׁכַּת מוֹדִיעִין לְתַיָּרִים?
Can I have a programme of this week's events?	ha'im efshar lekabel tokhnit eru'im le-hashavú'a?	הַאִם אֶפְשָׁר לְקַבֵּל תָּכְנִית אֵרוּעִים לְהַשָּׁבוּעַ?
How can I get to…on foot?	eykh ukhal lehagi'a mipo le…	אֵיךְ אוּכַל לְהַגִּיעַ מִפֹּה לְ...
…by bus?	ba-régel? ba-o'tobus?	בָּרֶגֶל? בָּאוֹטוֹבּוּס?
…to this address?	…el któvet zo?	אֶל כְּתוֹבֶת זוֹ?

...to the center of town?	...el merkaz ha'ir	?אֶל מֶרְכָּז הָעִיר
...to the shopping district?	...el ezor ha-ḥanuyot	?אֶל אֵיזוֹר הַחֲנֻיּוֹת
...to a bookshop?	...el ḥanut sfarim	?אֶל חֲנוּת סְפָרִים
...to the market?	...el ha-shuk	?אֶל הַשּׁוּק
...to the exhibition	...el hata'arukha	?אֶל הַתַּעֲרוּכָה
...to the museum?	...el ha-muze'on	?אֶל הַמּוּזֵיאוֹן
...to the theatre?	...el ha-te'atron	?אֶל הַתֵּאַטְרוֹן
...to the cinema?	...el ha-kolnó'a	?אֶל הַקוֹלְנוֹעַ
...to a nightclub?	...el mo'adon láyla	?אֶל מוֹעֲדוֹן לַיְלָה
What plays are running this week?	ma matzigim hashavú'a bate'atron?	?מַה מַצִּיגִים הַשָּׁבוּעַ בַּתֵּיאַטְרוֹן
Which films worth seeing are on this week?	ma matzigim hashavú'a ba-kolnó'a ha-ra'uy lir'ot?	?מַה מַצִּיגִים הַשָּׁבוּעַ בַּקוֹלְנוֹעַ הָרָאוּי לִרְאוֹת
Is there a tennis court nearby?	ha'im yesh migrash tenis bekirvat makom?	?הַאִם יֵשׁ מִגְרַשׁ טֶנִיס בְּקִרְבַת מָקוֹם
Have you got any mail for me?	ha'im higí'u elay mikhtavim?	?הַאִם הִגִּיעוּ אֵלַי מִכְתָּבִים

Is there a message for me?	ha'im nitkabla hoda'a bishvili?	הַאִם נִתְקַבְּלָה הוֹדָעָה בִּשְׁבִילִי?
I am going out and will return at ...	ani yotze ve-eḥzor besha'a...	אֲנִי יוֹצֵא וְאֶחְזוֹר בְּשָׁעָה...
I'll leave the hotel tomorrow at ...	e'ezov et ha-malon maḥar besha'a...	אֶעֱזוֹב אֶת הַמָּלוֹן מָחָר בְּשָׁעָה...
Please make up my bill	na lehakhin li et ha-ḥeshbon	נָא לְהָכִין לִי אֶת הַחֶשְׁבּוֹן
May I store my luggage here until ...?	ha'im ukhal lehash'ir po et ha-mizvadot ad ...?	הַאִם אוּכַל לְהַשְׁאִיר פֹּה אֶת הַמִּזְוָדוֹת עַד...?
Goodbye	shalom u-lehitra'ot	שָׁלוֹם וּלְהִתְרָאוֹת!

TAXI — MONIT — מונית

Please call me a taxi	na lehazmin bishvili monit	נָא לְהַזְמִין בִּשְׁבִילִי מוֹנִית
Driver, would you, please, bring my suitcase inside?	avakeshkha, nehag, la'azor li lehakhnis et ha-mizvada	אֲבַקֶּשְׁךָ נֶהָג, לַעֲזוֹר לִי לְהַכְנִיס אֶת הַמִּזְוָדָה
Take me to this address, please ...	na lehavi oti likhtó'vet zo	נָא לְהָבִיא אוֹתִי לִכְתוֹבֶת זוֹ...

Please, drive more slowly	avakeshkha linsó'a le'at yoter	אֲבַקֶּשְׁךָ לִנְסוֹעַ לְאַט יוֹתֵר
How much is the fare?	ḳáma alay leshalem?	כַּמָּה עָלַי לְשַׁלֵּם?
Can you come here at ... in order to take me back?	ha'im tukhal lavo héna besha'a ... kedey lakáḥat oti beḥazara?	הַאִם תּוּכַל לָבוֹא הֵנָּה בְּשָׁעָה... כְּדֵי לָקַחַת אוֹתִי בַּחֲזָרָה?

IN THE POST OFFICE — BEMISRAD HADÓAR — במשרד הדואר

Where is the post office?	éyfo ha-dó'ar?	אֵיפֹה הַדּוֹאַר?
Where can I send an overseas cable?	éyfo ha-eshnav lemishló'aḥ mivrakim leḥutz la'áretz?	אֵיפֹה הָאֶשְׁנָב לְמִשְׁלוֹחַ מִבְרָקִים לְחוּץ־לָאָרֶץ?
Please, give me an overseas cable form	avakesh tófes lemivrak le-ḥul	אֲבַקֵּשׁ טוֹפֶס לְמִבְרָק לְחו"ל
Have I written the telegram clearly?	ha'im katávti et ha-mivrak barur?	הַאִם כָּתַבְתִּי אֶת הַמִּבְרָק בָּרוּר?
When will the telegram arrive?	matay yagí'a ha-mivrak le-ya'ado?	מָתַי יַגִּיעַ הַמִּבְרָק לְיַעֲדוֹ?
How much do I have to pay?	káma alay leshalem?	כַּמָּה עָלַי לְשַׁלֵּם?

What stamps do I need for this letter by ordinary mail?	bekáma alay lehadbik bulim lemikhtav ze bedó'ar ragil?	בְּכַמָּה עָלַי לְהַדְבִּיק בּוּלִים לְמִכְתָּב זֶה בְּדוֹאַר רָגִיל?
...by air mail?	...bedó'ar avir?	בְּדוֹאַר אֲוִיר?
...by registered mail?	...kemikhtav rashum?	כְּמִכְתָּב רָשׁוּם?
...by express delivery?	...kemikhtav express?	כְּמִכְתַּב אֶקְסְפְּרֶס?
Please send this by registered mail	na lishló'aḥ oto bedó'ar rashum	נָא לִשְׁלוֹחַ אוֹתוֹ בְּדוֹאַר רָשׁוּם
Please give me... postcards to send locally.	avakesh...gluyot lemishló'aḥ bifnim ha'áretz.	אֲבַקֵּשׁ...גְּלוּיוֹת לְמִשְׁלוֹחַ בִּפְנִים הָאָרֶץ
Give me airletters to Europe, to America, please	avakesh igerot avir le-erópa, le-amerika, bevakasha	אֲבַקֵּשׁ אִגְּרוֹת אֲוִיר לְאֵירוֹפָּה, לַאֲמֵרִיקָה בְּבַקָּשָׁה
Where is the nearest post box?	éyfo tevat ha-dó'ar leshalshel ba et hamikhtav?	אֵיפֹה תֵּיבַת הַדּוֹאַר לְשַׁלְשֵׁל בָּהּ אֶת הַמִּכְתָּב?
May I have some telephone tokens, please?	evakesh asimonim la-telefon	אֲבַקֵּשׁ אֲסִימוֹנִים לַטֶּלֶפוֹן
Please, could you get me this number, as I could not get it by dialing?	avakesh lekasher oti im mispar ze. Lo hitzláḥti lehitkasher batelefon	אֲבַקֵּשׁ לְקַשֵּׁר אוֹתִי עִם מִסְפָּר זֶה. לֹא הִצְלַחְתִּי לְהִתְקַשֵּׁר בַּטֶּלֶפוֹן

Please, could you put me through to the International Exchange for this number?	ani rotze lehitkasher im mispar ze behutz la'áretz	אֲנִי רוֹצֶה לְהִתְקַשֵּׁר עִם מִסְפָּר זֶה בְּחוּץ לָאָרֶץ
Please book me a call for tomorrow at ...	na lehazmin li siḥa lemaḥar besha'a...	נָא לְהַזְמִין לִי שִׂיחָה לְמָחָר בְּשָׁעָה..
I've come for my overseas call, booked for ... (hr.)	bá'ti lesiḥa im ḥul she-nikbe'a lesha'a...	בָּאתִי לְשִׂיחָה עִם חוּ״ל שֶׁנִּקְבְּעָה לְשָׁעָה...
I'll be waiting here. Please call me when you get the connection	ani meḥake po. keshe-tasig et ha-késher, tikra li	אֲנִי מְחַכֶּה פֹּה. כְּשֶׁתַּשִּׂיג אֶת הַקֶּשֶׁר, תִּקְרָא לִי
How much do I have to pay?	káma alay leshalem?	כַּמָּה עָלַי לְשַׁלֵּם?
Please, may I have a receipt?	éfshar lekabel kabala?	אֶפְשָׁר לְקַבֵּל קַבָּלָה?
Thank you, goodbye	toda, shalom	תּוֹדָה, שָׁלוֹם

IN THE RESTAURANT — BA-MIS'ADA — במסעדה

I am hungry	ani ra'ev	אֲנִי רָעֵב
I am thirsty	ani tzamé	אֲנִי צָמֵא

Where is there a good restaurant?	heykhan yesh mis'ada tova?	הֵיכָן יֵשׁ מִסְעָדָה טוֹבָה
Waiter	meltzar	מֶלְצַר
Waitress	meltzarit	מֶלְצָרִית
Can I see the menu?	ha'ukhal lir'ot et ha-tafrit?	הַאוּכַל לִרְאוֹת אֶת הַתַּפְרִיט?
Breakfast	aruḥat bóker	אֲרוּחַת בּוֹקֶר
Lunch	aruḥat tzohoráyim	אֲרוּחַת צָהֳרַיִם
Dinner	aruḥat érev	אֲרוּחַת עֶרֶב
I would like to order	hayíti rotze lehazmin	הָיִיתִי רוֹצֶה לְהַזְמִין...
Give me this	ten li et ze	תֵּן לִי אֶת זֶה
Tea with lemon, tea with milk	te im limon. te beḥalav	תֵּה עִם לִימוֹן, תֵּה בְּחָלָב
Coffee and milk, Turkish coffee	kafé im ḥalav; kafé turki	קָפֶה עִם חָלָב, קָפֶה טוּרְקִי
Nescafe and milk	nes kafé beḥalav	נֵס קָפֶה בְּחָלָב
Milk, cocoa, espresso	ḥalav, kaká'o, espréso	חָלָב, קַקָאוֹ, אֶסְפְּרֶסּוֹ
Cold, warm, hot	kar, ḥamim, ḥam	קַר, חָמִים, חַם
Cold water, soda water	máyim karim, mey soda	מַיִם קָרִים, מֵי סוֹדָה
Orange juice, grapefruit juice	mitz tapuzim, mitz eshkolyot	מִיץ תַּפּוּזִים, מִיץ אֶשְׁכּוֹלִיּוֹת

Cake, ice-cream	uga, glida	עוּגָה, גְּלִידָה
White beer, black beer	bira levana, bira sheḥora	בִּירָה לְבָנָה, בִּירָה שְׁחוֹרָה
Sweet wine, dry wine	yáyin matok, yáyin yavesh	יַיִן מָתוֹק, יַיִן יָבֵשׁ
Cognac, whisky, arak	konyak, viski, árak	קוֹנְיָאק, וִיסְקִי, עָרָק
Buttered roll	laḥaminya beḥem'a	לַחְמָנִיָּה בְּחֶמְאָה
Roll and margarine	laḥmaniya bemargarina	לַחְמָנִיָּה בְּמַרְגָּרִינָה
White bread, black bread	léḥem lavan, léḥem shaḥor	לֶחֶם לָבָן, לֶחֶם שָׁחוֹר
Pita, toast and jam	pita, léḥem kaluy beriba	פִּתָּה, לֶחֶם קָלוּי בְּרִבָּה
Rolls, pretzels	laḥmaniyot, ke'akhim	לַחְמָנִיּוֹת, כְּעָכִים
Egg, soft-boiled egg	beytza, beytza raka	בֵּיצָה, בֵּיצָה רַכָּה
Omelette, fried egg	ḥavita, beytza im áyin	חֲבִתָּה, בֵּיצָה עִם עַיִן
White cheese, yellow cheese	gvina levana, gvina tzehuba	גְּבִינָה לְבָנָה, גְּבִינָה צְהֻבָּה
leben, yogurt, sour-cream	lében, yogurt, shaménet	לֶבֶּן, יוֹגוּרְט, שַׁמֶּנֶת
Humous, teḥina, beans	ḥunus, teḥina, ful	חוּמוּס, טְחִינָה, פוּל
Sausage, hot dogs	naknik, naknikiyot	נַקְנִיק, נַקְנִיקִיּוֹת
Vegetable salad	salat yerakot	סָלָט יְרָקוֹת
Salt, oil, sugar	mélaḥ, shémen, sukar	מֶלַח, שֶׁמֶן, סוּכָּר
Pepper, lemon juice	pilpel, mitz limon	פִּלְפֵּל, מִיץ לִימוֹן

Olives, pickled cucumber	zeytim, melafefon ḥamutz	זֵיתִים, מְלָפְפוֹן חָמוּץ
Herring, pickled fish	dag malúaḥ, dag kavush	דָּג מָלוּחַ, דָּג כָּבוּשׁ
Smoked fish, lakerda	dag me'ushan, lakerda	דָּג מְעֻשָּׁן, לַקֶּרְדָּה
bakala, filleted fish	dag bakala, dag filé	דָּג בַּקָּלָה, דַּג פִּילֶה
Baked carp, filled,	karpiyon afuy, memule	קַרְפִּיוֹן אָפוּי, מְמֻלָּא
Grilled, boiled	afuy bigril, mevushal	אָפוּי בִּגְרִיל, מְבֻשָּׁל
Fried, steamed	metugan, me'ude	מְטֻגָּן, מְאֻדֶּה
Chicken, turkey, duck	of, hodu, barvaz	עוֹף, הֹדוּ, בַּרְוָז
Beef	besar bakar	בְּשַׂר בָּקָר
Lamb	besar kéves	בְּשַׂר כֶּבֶשׂ
Liver, tongue	kaved, lashon	כָּבֵד, לָשׁוֹן
Steak, shnitzel	stek, shnitzel	סְטֵייק, שְׁנִיצֶל
Meat balls	ketzitzot	קְצִיצוֹת
Kabab, shishlik	kabab, shishlik	קַבַּב, שִׁישְׁלִיק
Shawarma, shakshuka	shawarma, shakshúka	שַׁוַארְמָה, שַׁקְשׁוּקָה
Bean soup, vegetable soup	marak she'uit, marak yerakot	מְרַק שְׁעוּעִית, מְרַק יְרָקוֹת
Chicken soup, meat soup	merak of, merak basar	מְרַק עוֹף, מְרַק בָּשָׂר

Mashed potatoes	tapuḥey adama me'ukhim	תַּפּוּחֵי אֲדָמָה מְעוּכִים
Chips (French fries)	tapuḥey adama metuganim	תַּפּוּחֵי אֲדָמָה מְטֻגָּנִים
Fruit salad	salat peyrot	סָלַט פֵּירוֹת
Pudding, Bavaria cream	pudding, krem bavária	פּוּדִינְג, קְרֶם בַּוַארְיָה
Glass, bottle, cup	kos, bakbuk, séfel	כּוֹס, בַּקְבּוּק, סֵפֶל
Spoon, fork, knife	kaf, mazleg, sakin	כַּף, מַזְלֵג, סַכִּין
Plate, teaspoon	tzaláḥat, kapit	צַלַּחַת, כַּפִּית
Serviette, ashtray	mapit, ma'afera	מַפִּית, מַאֲפֵרָה
Toothpicks	kismim la-shináyim	קִסְמִים לַשִּׁנַּיִם
How much must I pay?	káma alay leshalem?	כַּמָּה עָלַי לְשַׁלֵּם?
Change and a receipt, please	bevakasha, ódef ve-kabala	בְּבַקָּשָׁה, עוֹדֶף וְקַבָּלָה

GROCERY	**MAKÓLET**	**מכולת**
White bread, brown bread	léḥem lavan, leḥem shaḥor	לֶחֶם לָבָן, לֶחֶם שָׁחוֹר
Milk, leben, yogurt	ḥalav, lében, yogurt	חָלָב, לֶבֶּן, יוֹגוּרט
Sour cream, white cheese	Shamenet, gvina levana	שַׁמֶּנֶת, גְּבִינָה לְבָנָה
Yellow cheese, salt cheese	gvina tzehuba, gvina meluḥa	גְּבִינָה צְהֻבָּה, גְּבִינָה מְלוּחָה

Butter, margarine, oil	ḥem'a, margerína, shémen	חֶמְאָה, מַרְגָּרִינָה, שֶׁמֶן
Sardines, tuna fish, tuna salad	sardinim, tuna, salat tuna	סַרְדִּינִים, טוּנָה, סָלַט טוּנָה
Olives, eggs	zeytim, beytzim	זֵיתִים, בֵּיצִים
Soup mix	avkat marak	אַבְקַת מָרָק
Sugar, honey, salt	sukar, dvash, mélaḥ	סוּכָּר, דְּבַשׁ, מֶלַח
Smoked meat	basar me'ushan	בָּשָׂר מְעֻשָּׁן
Laundry soap	sabon kvisa	סַבּוֹן כְּבִיסָה
Flour, noodles	kémaḥ, itriyot	קֶמַח, אִטְרִיּוֹת
Please give me	bevakasha ten (tni) li	בְּבַקָּשָׁה תֵּן (תְּנִי) לִי...
How much does...cost?	káma ole...	כַּמָּה עוֹלֶה...?

FRUITS AND VEGETABLES — PEYROT VIYERAKOT — פֵּירוֹת וִירָקוֹת

Almonds	shkedim	שְׁקֵדִים
Apples	tapuḥey-etz	תַּפּוּחֵי־עֵץ
Apricot	mishmcsh	מִשְׁמֵשׁ
Banana	banána	בַּנָּנָה

Beans	she'uit	שְׁעוּעִית
Beetroot	sėlek	סֶלֶק
Cabbage	kruv	כְּרוּב
Carrot	gėzer	גֶּזֶר
Cauliflower	kruvit	כְּרוּבִית
Corn	tiras	תִּירָס
Cucumber	melafefon	מְלָפְפוֹן
Dates	temarim	תְּמָרִים
Eggplant	ḥatzilim	חֲצִילִים
Figs	te'enim	תְּאֵנִים
Garlic	shum	שׁוּם
Grapefruit	eshkoliyot	אֶשְׁכּוֹלִיּוֹת
Grapes	anavim	עֲנָבִים
Lemon	limon	לִימוֹן
Lettuce	ḥása	חַסָּה
Squash	kishu'im	קִשּׁוּאִים
Melon	melon	מֶלוֹן
Nuts	egozim	אֱגוֹזִים

Onion	batzal	בָּצָל
Oranges	tapuzim	תַּפּוּזִים
Peaches	afarsekim	אֲפַרְסְקִים
Pears	agasim	אֲגַסִּים
Peas	afuna	אֲפוּנָה
Pepper	pilpel	פִּלְפֵּל
Pomegranate	rimon	רִמּוֹן
Potatoes	tapuḥey adama	תַּפּוּחֵי־אֲדָמָה
Radish	tznon	צְנוֹן
Rice	órez	אוֹרֶז
Spinach	téred	תֶּרֶד
Tomatoes	agvaniyot	עַגְבָנִיּוֹת
Watermelon	avatí'ḥ	אֲבַטִּיחַ

BANK	BANK	בנק
Where is the nearest bank?	éyfo ha-bank ha-karov?	אֵיפֹה הַבַּנְק הַקָּרוֹב?
I have dollars to exchange.	yesh li lehamara dolárim	יֵשׁ לִי לְהֲמָרָה דוֹלָרִים
Travellers checks	travelers sheks	טְרֶבֶלֶרס שֶׁ׳קְס
Will you please change... dollars into local currency for me?	na lehamir li ... dolárim bekésef mekomi	נָא לְהָמִיר לִי...דוֹלָרִים בְּכֶסֶף מְקוֹמִי
Could I have it in small change, please?	avakesh bekésef katan	אֲבַקֵּשׁ בְּכֶסֶף קָטָן
... in large notes?	...bishtarot gedolim	בִּשְׁטָרוֹת גְּדוֹלִים
Could you, please, give me change for this note?	na lifrot li shtar ze lekésef katan	נָא לִפְרוֹט לִי שְׁטָר זֶה לְכֶסֶף קָטָן
Cash, checks	késef mezuman, shékim	כֶּסֶף מְזֻמָּן, שֶׁקִים
Clerk, manager	pakid, menahel	פָּקִיד, מְנַהֵל
Cash desk, cashier	kupa, kupa'i	קֻפָּה, קֻפַּאי

CLOTHES	BEGADIM	בגדים
I would like to buy...	ani rotze liknot...	אֲנִי רוֹצֶה לִקְנוֹת
My size is ... My number is ...	ha-mida sheli...ha-mispar sheli ...	הַמִּדָּה שֶׁלִּי...הַמִּסְפָּר שֶׁלִּי...
May I try it on?	efshar limdod?	אֶפְשָׁר לִמְדּוֹד?
This is too short, too long	ze katzar miday; arokh miday	זֶה קָצָר מִדַּי, אָרוֹךְ מִדַּי
It is too tight, too loose	ze tzar miday, raḥav miday	זֶה צַר מִדַּי, רָחָב מִדַּי
I would like to have it shortened	avakesh lekatzer	אֲבַקֵּשׁ לְקַצֵּר
Shorts	mikhnaśyim ketzarim	מִכְנָסַיִם קְצָרִים
Trousers	mikhnaśayim	מִכְנָסַיִם
Boots	magafáyim	מַגָּפַיִם
Brassiere	ḥaziya le-nashim	חֲזִיָּה לְנָשִׁים
Button	kaftor	כַּפְתּוֹר
Cape	shikhmiya	שִׁכְמִיָּה
Coat	me'il	מְעִיל
Collar	tzavaron	צַוָּארוֹן

Cotton material	bad kutna	בַּד כּוּתְנָה
Dress	simla	שִׂמְלָה
Gloves	kfafot	כְּפָפוֹת
Hat	kova	כּוֹבַע
Handkerchief	mimḥata	מִמְחָטָה
Jacket	miktóren	מִקְטוֹרֶן
Ladies' handbag	tik ligvarot	תִּיק לִגְבָרוֹת
Leather	or	עוֹר
Linen	bad pishtan	בַּד פִּשְׁתָּן
Nylon stockings	garbey náylon	גַּרְבֵּי נַיְלוֹן
Night shirt	kutónet láyla	כֻּתּוֹנֶת לַיְלָה
Pocket	kis	כִּיס
Pantyhose	garbey mikhnas	גַּרְבֵּי מִכְנָס
Pajamas	pijama	פִּיזָ'מָה
Raincoat	me'il géshem	מְעִיל גֶּשֶׁם
Robe	ḥaluk raḥatza	חֲלוּק רַחֲצָה
Rubber boots	magafey gúmi	מַגָּפֵי גוּמִי
Sandals	sandalim	סַנְדָלִים

Scarf	mitpáḥat rosh	מִטְפַּחַת רֹאשׁ
Scissors	misparáyim	מִסְפָּרַיִם
Shoe laces	srokhey na'aláyim	שְׂרוֹכֵי נַעֲלַיִם
Shoes	na'aláyim	נַעֲלַיִם
Silk	bad méshi	בַּד מֶשִׁי
Skirt	ḥatza'it	חֲצָאִית
Skullcap	kipa	כִּפָּה
Slippers	na'aley báyit	נַעֲלֵי בַּיִת
Sports shoes; sneakers	na'aley sport	נַעֲלֵי סְפּוֹרְט
Stockings	garbáyim	גַּרְבַּיִם
Sweater	svéder	סְוֶדֶר
Swimsuit	béged yam	בֶּגֶד־יָם
Suit	ḥalifa	חֲלִיפָה
Synthetic material	bad sintéti	בַּד סִינְתֶּטִי
Belt	ḥagora	חֲגוֹרָה
Tie	aniva	עֲנִיבָה
Umbrella	mitriya	מִטְרִיָּה
Underpants	taḥtonim	תַּחְתּוֹנִים

Velvet	bad ketifa	בַּד קְטִיפָה
Vest	gufiya	גּוּפִיָּה
Undershirt	kutónet	כֻּתּוֹנֶת
Woolen material	bad tzémer	בַּד צֶמֶר
Zipper	rokhsan	רוֹכְסָן

COLORS	**TZVA'IM**	**צבעים**
I want a light shade, dark shade	ani rotze gáven bahir, kehe	אֲנִי רוֹצֶה גָּוֶן בָּהִיר, כֵּהֶה
Red, yellow	adom, tzahov	אָדוֹם, צָהוֹב
Green, blue	yarok, kaḥol	יָרוֹק, כָּחוֹל
Purple, gray	sagol, afor	סָגוֹל, אָפוֹר
Black, white	shaḥor, lavan	שָׁחוֹר, לָבָן
Brown, pink	ḥum, varod	חוּם, וָרוֹד

LAUNDRY	MIKHBASA	מכבסה
Could you please clean my suit, coat, sweater?	avakesh lenakot li et ha-ḥalifa; ha-me'il, ha-svéder	אֲבַקֵּשׁ לְנַקּוֹת לִי אֶת הַחֲלִיפָה, הַמְּעִיל, הַסְּוֶדֶר
Please, could you wash and iron the shirts and underwear for me?	avakesh le-khabes u-le-gahetz li et ha-ḥultzot ve-et ha-levanim ha-éle	אֲבַקֵּשׁ לְכַבֵּס וּלְגַהֵץ לִי אֶת הַחוּלְצוֹת וְאֶת הַלְּבָנִים הָאֵלֶּה
When will they be ready for me?	matay ukhal lekabel otam ḥazara?	מָתַי אוּכַל לְקַבֵּל אוֹתָם חֲזָרָה
Please, also do any necessary repairs	avakesh gam ken letaken et ha-ta'un tikun	אֲבַקֵּשׁ גַּם כֵּן לְתַקֵּן אֶת הַטָּעוּן תִּקּוּן
The belt of the dress is missing	ḥasera ḥagorat ha-simla	חֲסֵרָה חֲגוֹרַת הַשִּׂמְלָה

BOOKSHOP	ḤANUT-SFARIM	חנות ספרים
I would like to buy …	birtzoni liknot …	בִּרְצוֹנִי לִקְנוֹת...
… a newspaper	…iton	עִתּוֹן
… a magazine	…ktav-et	כְּתַב עֵת
… a guidebook	…séfer madrikh le-tayarim	סֵפֶר מַדְרִיךְ לְתַיָּרִים

... a map of the city	...mapat ha'ir	מַפַּת הָעִיר
... a map of the country	...mapat ha-áretz	מַפַּת הָאָרֶץ
... envelopes	...ma'atafot	מַעֲטָפוֹת
... a writing pad	...blok le-mikhtavim	בְּלוֹק לְמִכְתָּבִים
... an exercise book	...maḥbéret	מַחְבֶּרֶת
... a pencil	iparon	עִפָּרוֹן
... a fountain pen	...et novéa	עֵט נוֹבֵעַ
... a ballpoint pen	et kaduri	עֵט כַּדּוּרִי
... a refill for the pen	...miluy le-et	מִלּוּי לְעֵט

AT THE HAIRDRESSER — BA-MISPARA — במספרה

I want to get a hair cut	ani rotze lehistaper	אֲנִי רוֹצֶה לְהִסְתַּפֵּר
In front, on the sides, behind	milfanim, batzdadim, me'aḥor	מִלְּפָנִים, בַּצְּדָדִים, מֵאָחוֹר
Shorter, longer	katzar yoter, arokh yoter	קָצָר יוֹתֵר, אָרוֹךְ יוֹתֵר
Side locks, beard, moustache	pe'ot, zakan, safam	פֵּאוֹת, זָקָן, שָׂפָם
How long must I wait?	káma zman alay leḥakot?	כַּמָּה זְמַן עָלַי לְחַכּוֹת
A short while, a long time	me'at zman, zman rav	מְעַט זְמַן, זְמַן רַב

I want a shampoo, please	ani rotze ḥafifa	אֲנִי רוֹצֶה חֲפִיפָה
The water is too hot	ha-má'yim ḥamim miday	הַמַּיִם חַמִּים מִדַּי
I want a shave	ani rotze gilú'ah	אֲנִי רוֹצֶה גִלּוּחַ
Be careful here!	hizaher po!	הִזָּהֵר פֹּה!
I want my hair dyed	ani rotza litzbo'a se'arot	אֲנִי רוֹצָה לִצְבּוֹעַ שְׂעָרוֹת
I want my hair set	ani rotza sidur ha-se'ar	אֲנִי רוֹצָה סִדּוּר הַשֵּׂעָר
Pedicure, menicure	pedikur, manikur	פֶּדִיקוּר, מָנִיקוּר

WEATHER	**MÉZEG AVIR**	**מזג אויר**
What a beautiful day!·	éyze yom yafe!	אֵיזֶה יוֹם יָפֶה
Bright, the sun is shining	bahir, ha-shémesh zora'ḥat	בָּהִיר, הַשֶּׁמֶשׁ זוֹרַחַת
Warm, hot, very hot	ḥamim, ḥam, ḥam me'od	חָמִים, חַם, חַם מְאוֹד
Chilly, cold, very cold	karir, kar, kar me'od	קָרִיר, קַר, קַר מְאוֹד
Dry, heat wave	yavesh, sharav	יָבֵשׁ, שָׁרָב,
Damp, drizzle	laḥ, géshem metaftef, géshem	לַח, גֶּשֶׁם מְטַפְטֵף
It is raining	yored	גֶּשֶׁם יוֹרֵד
Cloudy, foggy	me'unan, me'urpal	מְעֻנָּן, מְעֻרְפָּל
To wear a warm coat	lilbosh me'il ḥam	לִלְבּוֹשׁ מְעִיל חַם

TRANSPORT	**TAḤBURA**	**תחבורה**
Bus, train, plane	ótobus, rakévet matos	אוֹטוֹבּוּס, רַכֶּבֶת, מָטוֹס
Underground	rakévet taḥtit	רַכֶּבֶת תַּחְתִּית
Express train	rakévet mehira	רַכֶּבֶת מְהִירָה
Ticket, ticket office	kartis, misrad kartisim	כַּרְטִיס, מִשְׂרַד כַּרְטִיסִים
Driver, steward, stewardess	nehag, dayal, dayélet	נֶהָג, דַּיָּל, דַּיֶּלֶת
Load/luggage, porter	mit'an, sabal	מִטְעָן, סַבָּל
Where is the lost baggage office?	éyfo ha-misrad leḥafatzim avudim?	אֵיפֹה הַמִּשְׂרָד לַחֲפָצִים אֲבוּדִים?
I left ... in the coach	hish'árti ... ba-karon	הִשְׁאַרְתִּי...בַּקָּרוֹן

TRAIN, BUS	**RAKÉVET, ÓTOBUS**	**רכבת, אוטובוס**
When does the train for ... leave?	matay yotzet ha-rakévet le ...?	מָתַי יוֹצֵאת הָרַכֶּבֶת לְ...?
How do I get there?	eykh agí'a lesham?	אֵיךְ אַגִּיעַ לְשָׁם?
By train, by bus	ba-rakévet, beótobus	בָּרַכֶּבֶת, בְּאוֹטוֹבּוּס

Where is the ticket office?	heykhan misrad ha-kartisim?	הֵיכָן מִשְׂרַד הַכַּרְטִיסִים?
At what time does the next train leave for ...?	be'éyze sha'a yotzet ha-rakévet haba'a le ...?	בְּאֵיזוֹ שָׁעָה יוֹצֵאת הָרַכֶּבֶת הַבָּאָה לְ...?
Give me a ticket for ... please	avakesh kartis le ...	אֲבַקֵּשׁ כַּרְטִיס לְ...
If possible, by the window and facing the front	im efshar alyad ha-ḥalon u-bekhivun ha-nesi'a	אִם אֶפְשָׁר עַל־יַד הַחַלּוֹן וּבְכִוּוּן הַנְּסִיעָה
Where can I find a porter?	éyfo ukhal lehasig sabal?	אֵיפֹה אוּכַל לְהַשִּׂיג סַבָּל?
Please, take the bags to the coach	bevakasha, kaḥ et ha-mizvadot la-karon	בְּבַקָּשָׁה קַח אֶת הַמִּזְוָדוֹת לַקָּרוֹן
Where is the dining coach?	éyfo karon ha-mis'ada?	אֵיפֹה קְרוֹן הַמִּסְעָדָה?
May I open (close) the window?	ha'im ukhal liftó'aḥ (lisgor) et ha-ḥalon?	הַאִם אוּכַל לִפְתּוֹחַ (לִסְגּוֹר) אֶת הַחַלּוֹן?
May I smoke?	ha'im mutar le'ashen?	הַאִם מֻתָּר לְעַשֵּׁן?
When does the train arrive at?	matay tagí'a ha-rakével le...?	מָתַי תַּגִּיעַ הָרַכֶּבֶת לְ...?
What bus goes to...?	éyze ótobus magí'a le...?	אֵיזֶה אוֹטוֹבּוּס מַגִּיעַ לְ...?
Where is the bus to ...?	éyfo ha-ótobus le...?	אֵיפֹה הָאוֹטוֹבּוּס לְ...?
How much is a ticket to ...?	ma meḥir ha-kartis le...?	מַה מְחִיר כַּרְטִיס לְ...?
Is this the bus to ...?	ha'im ze ha-ótobus le...?	הַאִם זֶהוּ הָאוֹטוֹבּוּס לְ...?

I am looking for this address.	ani tzarikh likhtóvet zo...	אֲנִי צָרִיךְ לִכְתוֹבֶת זוֹ...
At which station do I get off?	be'éyze tahana alay larédet?	בְּאֵזוֹ תַּחֲנָה עָלַי לָרֶדֶת?

AIRPLANE — MATOS — מטוס

By which means of transport do I get to the airport?	be'éyzo taḥbura ukhal le-hagí'a linmal ha-te'ufa?	בְּאֵיזוֹ תַּחְבּוּרָה אוּכַל לְהַגִּיעַ לִנְמַל הַתְּעוּפָה?
Is there a bus service (taxi) to there?	ha'im yesh sherut ótobusim (monit) lesham?	הַאִם יֵשׁ שֵׁרוּת אוֹטוֹבּוּסִים (מוֹנִית) לְשָׁם?
At what time will I be picked up?	be'éyzo sha'a yavo lakáḥat oti?	בְּאֵיזוֹ שָׁעָה יָבוֹא לָקַחַת אוֹתִי?
Which is the bus stop to the airport?	me'éyze taḥana yotze ha-ótobus linmal ha-te'ufa?	מֵאֵיזוֹ תַּחֲנָה יוֹצֵא הָאוֹטוֹבּוּס לִנְמַל הַתְּעוּפָה?
At what time should I be there?	be'éyze sha'a alay lihyot sham?	בְּאֵיזוֹ שָׁעָה עָלַי לִהְיוֹת שָׁם?
At what time does the plane take off?	be'e'yze sha'a yotze ha-matos?	בְּאֵיזוֹ שָׁעָה יוֹצֵא הַמָּטוֹס?
When will it arrive?	matay hu magía?	מָתַי הוּא מַגִּיעַ?

Is there a flight to?	ha'im yesh tisa le...?	הַאִם יֵשׁ טִיסָה לְ...?
What is the flight number?	ma mispar ha-tisa?	מַה מִסְפַּר הַטִּיסָה?
I have nothing to declare	eyn li al ma lehatzhir	אֵין לִי עַל מַה לְהַצְהִיר
This is all I have	ze ha-kol ma she'yesh li	זֶה הַכּוֹל מַה שֶׁיֵּשׁ לִי
Please, take my luggage	na lekabel et ha-mit'an sheli	נָא לְקַבֵּל אֶת הַמִּטְעָן שֶׁלִּי
May I have a travel sickness pill, please?	ha'im ukhal lekabel kadur neged beḥila?	הַאִם אוּכַל לְקַבֵּל כַּדּוּר נֶגֶד בְּחִילָה?
May I have a glass of water?	ha-ukhal lekabel kos máyim?	הַאוּכַל לְקַבֵּל כּוֹס מַיִם?

CAR JOURNEY / NESI'A BIMEKHONIT / נסיעה במכונית

Where can I rent a car?	éyfo ukhal liskor mekhonit?	אֵיפֹה אוּכַל לִשְׂכּוֹר מְכוֹנִית?
I have an international driving license	yesh li rishyon nehiga beyn-le'umi	יֵשׁ לִי רִשְׁיוֹן נְהִיגָה בֵּין־לְאֻמִּי
How much is it to rent a car per day?	káma ola sekhirat mekhonit leyom?	כַּמָּה עוֹלָה שְׂכִירַת מְכוֹנִית לְיוֹם?
What is the additional rate per kilometer?	káma yesh lehosif lekhol kilométer nesi'a?	כַּמָּה יֵשׁ לְהוֹסִיף לְכָל קִילוֹמֶטֶר נְסִיעָה?

Where is the nearest petrol (gas) station?	heykhan taḥanat ha-delek ha-krova?	הֵיכָן תַּחֲנַת הַדֶּלֶק הַקְּרוֹבָה?
Please, put in ... liters	na lemale ... liter délek	נָא לְמַלֵּא...לִיטֶר דֶּלֶק
Check the oil, please	na livdok et matzav ha-shémen ba-manó'a	נָא לִבְדּוֹק אֶת מַצָּב הַשֶּׁמֶן בַּמָּנוֹעַ
...the brakes	... ba-blamim	... בַּבְּלָמִים
...the gear box	... beteyvat ha-hilukhim	... בְּתֵיבַת הַהִילוּכִים
Please put water in the battery, radiator	na lasim ma'yim ba-matzber, ba-radiyator	נָא לָשִׂים מַיִם בַּמַּצְבֵּר, בָּרַדְיָאטוֹר
Change the oil in the car, please	na lehaḥlif et ha-shémen ba-mekhonit	נָא לְהַחְלִיף אֶת הַשֶּׁמֶן בַּמְּכוֹנִית
May I have a road map of the area?	efshar lekabel mapat drakhim shel ha-ezor?	אֶפְשָׁר לְקַבֵּל מַפַּת דְּרָכִים שֶׁל הָאֵזוֹר?
Please, inflate the tires, the reserve wheel, too	na lenapéaḥ et ha-galgalim, et ha-galgal ha-rezérvi gam ken	נָא לְנַפֵּחַ אֶת הַגַּלְגַּלִּים אֶת הַגַּלְגַּל הָרֶזֶרְבִי גַּם כֵּן
Please, repair the puncture	na letaken et ha-téker ba-galgal	נָא לְתַקֵּן אֶת הַתֶּקֶר בַּגַּלְגַּל

Please, change the inner tube, the tire	na lehaḥlif et ha-pnimi, ha-tzamig	נָא לְהַחְלִיף אֶת הַפְּנִימִי, הַצָּמִיג
What is the speed limit?	mahi ha-mehirut ha-mutéret?	מַהִי הַמְּהִירוּת הַמֻּתֶּרֶת?
Which is the way to ...	éyzohi ha-dérekh le ...?	אֵזוֹהִי הַדֶּרֶךְ אֶל...?
Is that a good road?	ha'im ha-kvish tov?	הַאִם הַכְּבִישׁ טוֹב?
Is there a shorter way?	ha'im yeshna dérekh ketzara yoter?	הַאִם יֶשְׁנָהּ דֶּרֶךְ קְצָרָה יוֹתֵר?
Which place is this?	éyze makom ze?	אֵיזֶה מָקוֹם זֶה?
Is this the road to ...?	ha'im zohi ha-dérekh le ...?	הַאִם זוֹהִי הַדֶּרֶךְ לְ...?
Yes, no	ken; lo	כֵּן, לֹא
Please, go back	bevakash, ḥazor	בְּבַקָּשָׁה, חֲזוֹר!
Go straight on	hamshekh yashar	הַמְשֵׁךְ יָשָׁר!
Turn to the right (left)	pne yamina (smóla)	פְּנֵה יָמִינָה (שְׂמֹאלָה)
Turn to the north, (south, east, west)	pne tzafóna, (daróma, mizráḥa, ma'aráva)	פְּנֵה צָפוֹנָה, (דָרוֹמָה, מִזְרָחָה, מַעֲרָבָה)
This way	hine (zo ha-dérekh)	הִנֵּה (זוֹ הַדֶּרֶךְ)
That way	badérekh hahi	בַּדֶּרֶךְ הַהִיא
How far is it to ...?	ma ha-merḥak el ...?	מָה הַמֶּרְחָק אֶל...?

Is it near? (far?)	ha'im ze karov? (raḥok?)	הַאִם זֶה קָרוֹב ? (רָחוֹק ?)
Very far?	raḥok me'od?	רָחוֹק מְאוֹד ?
There; Here	sham, kan	שָׁם, כָּאן
Please, show me on the map	ana har'e li ba-mapa	אָנָּא, הַרְאֵה לִי בַּמַּפָּה
Where are we?	ėyfo ánu nimtza'im?	אֵיפֹה אָנוּ נִמְצָאִים ?
Where is the place that we want to go to?	ėyfo ha-makom elav ánu rotzim le-hagí'a?	אֵיפֹה הַמָּקוֹם אֵלָיו אָנוּ רוֹצִים לְהַגִּיעַ ?
On which road should we travel?	ėyzo ha-dérekh she-ratzuy linśo'a ba?	אֵיזוֹ הַדֶּרֶךְ שֶׁרָצוּי לִנְסוֹעַ בָּהּ ?

TRAFFIC SIGNS	**TAMRURIM, SHLATIM**	**תַּמְרוּרִים, שְׁלָטִים**
Stop!	atzor!	עֲצוֹר !
Caution!	zehirut!	זְהִירוּת !
Dangerous curve	sibuv mesukan	סִיבּוּב מְסוּכָּן
Slow!	ha'et!	הָאֵט !
Danger!	sakana!	סַכָּנָה !
First Aid	ezra rishona	עֶזְרָה רִאשׁוֹנָה

Red Cross	tzelav adom	צְלָב אָדוֹם
(Magen David Adom)	(magen david adom)	(מָגֵן דָּוִד אָדוֹם)
Pharmacy	bet merkáḥat	בֵּית מֶרְקַחַת
Police	mishtara	מִשְׁטָרָה
Bomb disposal pit	bor bitaḥon	בּוֹר בִּטָּחוֹן
Fire hydrant	bérez srefa	בֶּרֶז שְׂרֵפָה
No parking	eyn ḥanaya	אֵין חֲנָיָה
No entry	eyn knisa	אֵין כְּנִיסָה
No crossing	eyn ma'avar	אֵין מַעֲבָר
One-way Street	reḥov ḥad-sitri	רְחוֹב חַד־סִטְרִי
Pedestrian crossing	ma'avar ḥatzaya	מַעֲבַר חֲצָיָה
Detour	akifa	עֲקִיפָה
Travel on this road	sa bakvish ha-ze	סַע בַּכְּבִישׁ הַזֶּה
Go slow	sa le'at	סַע לְאַט !
Crossroad, junction, bridge	tzómet, mis'af, gésher	צוֹמֶת, מִסְעָף, גֶּשֶׁר
Highway, dual highway	otostráda, kvish rav-masluli	אוֹטוֹסְטְרָדָה, כְּבִישׁ רַב־מַסְלוּלִי
Bad road	kvish lo tov	כְּבִישׁ לֹא טוֹב
Narrow road	kvish tzar	כְּבִישׁ צַר

Road under repair	kvish be-tikun	כְּבִישׁ בְּתִקּוּן
Dirt road	dérekh afar	דֶּרֶךְ עָפָר
Steep incline	aliya tlula	עֲלִיָּה תְּלוּלָה
Steep decline	morad talul	מוֹרָד תָּלוּל
Sharp turn	pniya ḥada	פְּנִיָּה חַדָּה
Blinding light	or mesanver	אוֹר מְסַנְוֵר
Children on the road	yeladim ba-kvish	יְלָדִים בַּכְּבִישׁ
Men at Work	ovdim ba-dérekh	עוֹבְדִים בַּדֶּרֶךְ
Right, left	yamína, smóla	יָמִינָה, שְׂמֹאלָה
Entrance	knisa	כְּנִיסָה
Exit	yetzia	יְצִיאָה
No Smoking	asur le'ashen	אָסוּר לְעַשֵּׁן
Information	modi'in	מוֹדִיעִין
Elevator	ma'alit	מַעֲלִית
Restrooms	noḥiyut	נוֹחִיּוּת
Men, Women	gvarim, nashim	גְּבָרִים, נָשִׁים
For sale	li-mekhira	לִמְכִירָה
For rent	le-haskara	לְהַשְׂכָּרָה

GARAGE	MUSAKH	מוסך
Where is a garage nearby?	heykhan nimtza po musakh karov?	הֵיכָן נִמְצָא פֹּה מוּסָךְ קָרוֹב?
Please, check and adjust the brakes	na livdok et ha-blamim u-letaken otam	נָא לִבְדּוֹק אֶת הַבְּלָמִים וּלְתַקֵּן אוֹתָם
Please, check the gearbox and adjust the clutch	na livdok et ha-hilukhim ve-et ha-matzmed	נָא לִבְדּוֹק אֶת הַהִלּוּכִים וְאֶת הַמַּצְמֵד
The engine uses too much oil	yesh tzrikha gedola miday shel shémen manó'a	יֵשׁ צְרִיכָה גְדוֹלָה מִדַּי שֶׁל שֶׁמֶן מָנוֹעַ
The engine is overheating	ha-manó'a mitḥamem maher	הַמָּנוֹעַ מִתְחַמֵּם מַהֵר
The radiátor needs refilling too often	ḥaserim máyim ba-radiyátor le'itim tekhufot miday	חֲסֵרִים מַיִם בָּרַדְיָאטוֹר לְעִתִּים תְּכוּפוֹת מִדַּי
Please, check the plugs	na livdok et ha-plágim	נָא לִבְדּוֹק אֶת הַפְּלָגִים
Please, check the points	na livdok et ha-platínot	נָא לִבְדּוֹק אֶת הַפְּלָטִינוֹת
The car doesn't start easily	ha-mekhonit nidléket bekóshi	הַמְּכוֹנִית נִדְלֶקֶת בְּקוֹשִׁי
Please, check the headlight alignment	avakesh livdok et kivun ha orot	אֲבַקֵּשׁ לִבְדּוֹק אֶת כִּוּוּן הָאוֹרוֹת

REPAIRS	TIKUNIM	תיקונים
Wheel balance	izun galgalim	אִזּוּן גַּלְגַּלִּים
Oil change	haḥlafat shémen	הַחְלָפַת שֶׁמֶן
Tighten screws	ḥizuk bragim	חִזּוּק בְּרָגִים
Fill the radiator	sim máyim ba-radiyator	שִׂים מַיִם בָּרַדְיָאטוֹר
Oil the engine	sim shémen ba-manó'a	שִׂים שֶׁמֶן בַּמָּנוֹעַ
Wheel alignment	kivun galgalim	כִּוּוּן גַּלְגַּלִּים
Water for the battery	máyim la-matzber	מַיִם לַמַּצְבֵּר
The gear is stuck	nitpas ha-mahalakh	נִתְפַּשׂ הַמַּהֲלָךְ
...grinding	mishta'el	... מִשְׁתָּעֵל
The oil is leaking	ha-shémen nozel	הַשֶּׁמֶן נוֹזֵל
The part is burnt out	ha-ḥélek nisraf	הַחֵלֶק נִשְׂרַף
To take a wheel apart	lefarek galgal	לְפָרֵק גַּלְגַּל
Short circuit	kétzer ba-ḥashmal	קֶצֶר בַּחַשְׁמַל
The steering wheel is loose	ha-hége ro'ed	הַהֶגֶה רוֹעֵד
The axle rod is broken	ax nishbar	"אַקְס" נִשְׁבַּר
Puncture in the tire	téker ba-galgal	תֶּקֶר בַּגַּלְגַּל
Everything is O.K.	hakol be-séder	הַכּוֹל בְּסֵדֶר

PARTS OF A CAR	ḤELKEY MEKHONIT	חלקי מכונית
Battery	matzber	מַצְבֵּר
Brakes	blamim	בְּלָמִים
Carburetor	karburátor	קַרְבּוּרָטוֹר
Clutch	matzmed	מַצְמֵד
Distilled water	máyim mezukakim	מַיִם מְזֻקָּקִים
Filter	masnen	מַסְנֵן
Gear	hilukh	הִלּוּךְ
Ignition	hatzata	הַצָּתָה
Lubrication	sikha	סִיכָה
Pedal	sandal blamim	סַנְדַל בְּלָמִים
Piston	bukhna	בּוּכְנָה
Radiator	radiyátor	רַדִיאָטוֹר
Spark plugs	matzatim	מַצָּתִים
Spring	kfitz	קְפִיץ
Steering wheel	hége	הֶגֶה
Wheel, wheels	galgal, galgalim	גַּלְגַּל, גַּלְגַּלִּים

PHYSICIANS	ROF'IM	רופאים
Where does an English speaking doctor live?	éyfo gar rofe ha-medaber anglit?	אֵיפֹה גָר רוֹפֵא הַמְדַבֵּר אַנְגְלִית?
I need first aid	ani zakuk le'ezra-rishona	אֲנִי זָקוּק לְעֶזְרָה רִאשׁוֹנָה
I need an internal specialist	ani zakuk lerofe pnimi	אֲנִי זָקוּק לְרוֹפֵא פְּנִימִי
Can you recommend a good doctor?	ata yakhol lehamlitz al rofe tov?	אַתָּה יָכוֹל לְהַמְלִיץ עַל רוֹפֵא טוֹב?

TYPES OF DOCTORS	SUGEY ROF'ÌM	סוגי רופאים
Ear, nose and throat specialist	rofe af-ozen-garon	רוֹפֵא אַף־אוֹזֶן־גָרוֹן
Orthopedist	ortoped	אוֹרְטוֹפֶּד
Surgeon	ḥirurg	חִירוּרְג
Pediatrician	rofe yeladim	רוֹפֵא יְלָדִים
Gynecologist	rofe nashim	רוֹפֵא נָשִׁים
Dermatologist	rofe or vamin	רוֹפֵא עוֹר וָמִין
Eye specialist	rofe eynáyim	רוֹפֵא עֵינַיִם
Neurologist	rofe noyrolog	נוֹירוֹלוֹג

Internal specialist	rofe pnimi	רוֹפֵא פְּנִימִי
Dentist	rofe-shináyim	רוֹפֵא שִׁנַּיִם

ILLNESSES — MAḤALOT U-MIḤUSHIM — מחלות ומיחושים

I have no appetite	eyn te'avon	אֵין תֵּיאָבוֹן
Nausea	beḥila	בְּחִילָה
Infection	dalėket	דַּלֶּקֶת
Depression	dika'on	דִּכָּאוֹן
Cold	hitztanenut	הִצְטַנְּנוּת
Vomiting	haka'ot	הֲקָאוֹת
Pregnancy	herayon	הֵרָיוֹן
Contraction	hitkavtzut	הִתְכַּוְּצוּת
Heart patient	ḥole-lev	חוֹלֵה לֵב
Fever	ḥom	חוֹם
Ulcer	kiv	כִּיב

PARTS OF THE BODY	ḤELKEY HA–GUF	חלקי הגוף
Ankle	karsol	קַרְסוֹל
Appendix	toseftan	תּוֹסֶפְתָּן
Arm	zró'a	זְרוֹעַ
Artery	orek	עוֹרֵק
Back	gav	גַּב
Bladder	shalpuḥit shéten	שַׁלְפּוּחִית שֶׁתֶן
Blood	dam	דָּם
Bone, bones	étzem, atzamot	עֶצֶם, עֲצָמוֹת
Breast	shad	שַׁד
Chest	ḥaze	חָזֶה
Ear	ózen	אוֹזֶן
Elbow	marpek	מַרְפֵּק
Eye, eyes	áyin, eynáyim	עַיִן, עֵינַיִם
Finger	etzba	אֶצְבַּע
Foot, feet	régel, ragláyim	רֶגֶל, רַגְלַיִם
Gland	baluta	בַּלוּטָה
Hand	yad	יָד

Head	rosh	רֹאשׁ
Heart	lev	לֵב
Heel	akev	עָקֵב
Hip, hips	móten, motnáyim	מוֹתֶן, מוֹתְנַיִם
Intestine, intestines	me'i, me'áyim	מְעִי, מֵעַיִים
Joints	prakim	פְּרָקִים
Kidney, kidneys	kilya, klayot	כִּלְיָה, כְּלָיוֹת
Knee	bérekh	בֶּרֶךְ
Leg	régel	רֶגֶל
Ligament	gid	גִּיד
Liver	kaved	כָּבֵד
Lungs	re'ot	רֵאוֹת
Mouth	pe	פֶּה
Muscle	shrir	שְׁרִיר
Neck	tzavar	צַוָּאר
Nerve, nerves	étzev, atzabim	עֶצֶב, עֲצַבִּים
Nose	af	אַף
Palm	kaf	כַּף

Ribs	tzela'ot	צְלָעוֹת
Shoulder	katef	כָּתֵף
Skin	or	עוֹר
Spine	amud ha-shidra	עַמּוּד הַשִּׁדְרָה
Stomach	keyva	קֵיבָה
Throat	garon	גָּרוֹן
Thumb	agudal	אֲגוּדָל
Tongue	lashon	לָשׁוֹן
Tooth, Teeth	shen, shináyim	שֵׁן, שִׁנַּיִם
Tonsil	shaked	שָׁקֵד
Urine	shéten	שֶׁתֶן
Vein	vrid	וְרִיד

PHARMACY	BE-VEYT MIRKÁḤAT	בבית מרקחת
Where is the nearest pharmacy?	éyfo beyt ha-mirkáḥat ha-karov?	אֵיפֹה בֵּית הַמִּרְקַחַת הַקָּרוֹב?
Which parmacy is on duty tonight?	éyze beyt mirkáḥat torani ha-láyla?	אֵיזֶה בֵּית מִרְקַחַת תּוֹרָנִי הַלַּיְלָה?
Have you a medicine for a headache?	ulay yesh lekha trufa le-harga'at ke'ev rosh?	אוּלַי יֵשׁ לְךָ תְּרוּפָה לְהַרְגָּעַת כְּאֵב רֹאשׁ?
Toothache	ke'ev shináyim	כְּאֵב שִׁנַּיִם?
Iodine, aspirin	yod, aspirin	יוֹד, אַסְפִּירִין
Valerian drops	tipot valeryan	טִפּוֹת וָאלֶרְיָאן
Antiseptic cream	mishḥa néged zihum	מִשְׁחָה נֶגֶד זִהוּם
Hot water bottle, heating pad	bakbuk gumi, karit ḥimum	בַּקְבּוּק גּוּמִי, כָּרִית חִמּוּם
Cottonwool, band-aid	tzémer gefen, éged	צֶמֶר גֶּפֶן, אֶגֶד
Thermometer	madḥom	מַדְחוֹם
I need first aid	ani zakuk le-ezra rishona	אֲנִי זָקוּק לְעֶזְרָה רִאשׁוֹנָה
What are his office hours?	matay hu mekabel?	מָתַי הוּא מְקַבֵּל?

TIME	ZMAN	זמן
What is the time? It is four o'clock	ma ha-sha'a? ha-sha'a hi arba	מָה הַשָּׁעָה?, הַשָּׁעָה הִיא אַרְבַּע
Five minutes past six, half past five	ḥamesh dakot aḥarey shesh, ḥamesh va-ḥétzi	חָמֵשׁ דַּקּוֹת אַחֲרֵי שֵׁשׁ, חָמֵשׁ וָחֵצִי
A quarter past seven, ten minutes to eight	shéva va-réva, éser dakot li-shmóne	שֶׁבַע וָרֶבַע, עֶשֶׂר דַּקּוֹת לִשְׁמוֹנֶה
Morning	bóker	בּוֹקֶר
Midday	tzohoráyim	צָהֳרַיִם
Afternoon	aḥar ha-tzohoráyim	אַחַר־הַצָּהֳרַיִם
Evening, night	érev, láyla	עֶרֶב, לַיְלָה
Midnight	ḥatzot	חֲצוֹת
Today, yesterday	hayom, etmol	הַיּוֹם, אֶתְמוֹל
The day before yesterday	shilshom	שִׁלְשׁוֹם
Tomorrow	maḥar	מָחָר
The day after tomorrow	moḥorotáyim	מָחֳרָתַיִם
A second, hour	shniya, sha'a	שְׁנִיָּה, שָׁעָה
Quarter of an hour	réva sha'a	רֶבַע שָׁעָה

Half an hour, forty minutes	ḥatzi, arba'im dakot	חֲצִי שָׁעָה, אַרְבָּעִים דַּקּוֹת
Day, days	yom, yamim	יוֹם, יָמִים
Week, weeks	shavú'a, shavu'ot	שָׁבוּעַ, שָׁבוּעוֹת
Month, months	ḥódesh, ḥodashim	חֹדֶשׁ, חֳדָשִׁים
Year, years	shana, shanim	שָׁנָה, שָׁנִים
Period of … years	tkufa shel…shanim	תְּקוּפָה שֶׁל...שָׁנִים
In a month	be'od ḥodesh	בְּעוֹד חֹדֶשׁ
Early, I am early	mukdam, hikdámti	מֻקְדָּם, הִקְדַּמְתִּי
Late, I am late	me'uḥar, eḥárti	מְאֻחָר, אֵחַרְתִּי

DAYS OF THE WEEK	**YEMOT HA-SHAVU'A**	**ימות השבוע**
Sunday, Monday	yom rishon, yom sheni	יוֹם רִאשׁוֹן, יוֹם שֵׁנִי
Tuesday, Wednesday	yom shlishi, yom revi'i	יוֹם שְׁלִישִׁי, יוֹם רְבִיעִי
Thursday, Friday	yom ḥamishi, yom shishi	יוֹם חֲמִישִׁי, יוֹם שִׁשִּׁי
Saturday	(yom) shabat	(יוֹם) שַׁבָּת

MONTHS	ḤODSHEY HA-SHANA	חדשי השנה
January, February	yanu'ar, febru'ar	יָנוּאַר, פֶבְּרוּאַר
March, April	mertz, april	מַרְץ, אַפְּרִיל
May, June	may, yúni	מַאי, יוּנִי
July, August	yúli, ogust	יוּלִי, אוֹגוּסְט
September, October	septémber, október	סֶפְּטֶמְבֶּר, אוֹקְטוֹבֶּר
November, December	novémber, detzémber	נוֹבֶמְבֶּר דֶצֶמְבֶּר

SEASONS	ONOT HA-SHANA	עונות השנה
Spring, summer	aviv, káyitz	אָבִיב, קַיִץ
Autumn, winter	stav, ḥóref	סְתָו, חֹרֶף

NUMBERS	MISPARIM	מספרים מונים
One	eḥad (aḥat)	אֶחָד (אַחַת)
Two	shnáyim (shtáyim)	שְׁנַיִם (שְׁתַּיִם)
Three	shlosha (shalosh)	שְׁלֹשָׁה (שָׁלֹשׁ)
Four	arba'a (arba)	אַרְבָּעָה (אַרְבַּע)
Five	ḥamisha (ḥamesh)	חֲמִשָּׁה (חָמֵשׁ)
Six	shisha (shesh)	שִׁשָּׁה (שֵׁשׁ)
Seven	shiv'a (shéva)	שִׁבְעָה (שֶׁבַע)
Eight	shmona (shmone)	שְׁמוֹנָה (שְׁמוֹנֶה)
Nine	tish'a (tésha)	תִּשְׁעָה (תֵּשַׁע)
Ten	assara (éser)	עֲשָׂרָה (עֶשֶׂר)
Eleven	aḥad asar	אַחַד עָשָׂר
Twelve	shneym asar	שְׁנֵים עָשָׂר
Thirteen	shlosha asar	שְׁלוֹשָׁה עָשָׂר
Fourteen	arba'a asar	אַרְבָּעָה עָשָׂר
Fifteen	ḥamisha asar	חֲמִישָׁה עָשָׂר
Sixteen	shisha asar	שִׁשָּׁה עָשָׂר
Seventeen	shiv'a asar	שִׁבְעָה עָשָׂר

Eighteen	shmona asar	שְׁמוֹנָה עָשָׂר
Nineteen	tisha asar	תְּשְׁעָה עָשָׂר
Twenty	esrim	עֶשְׂרִים
Twenty-one	esrim ve-eḥad	עֶשְׂרִים וְאֶחָד
Twenty-two	esrim u-shnáyim	עֶשְׂרִים וּשְׁנַיִם
Thirty, Forty	shloshim, arba'im	שְׁלוֹשִׁים, אַרְבָּעִים
Fifty, Sixty	ḥamishim, shishim	חֲמִישִׁים, שִׁשִּׁים
Seventy, Eighty	shiv'im, shmonim	שִׁבְעִים, שְׁמוֹנִים
Ninety, One hundred	tish'im, me'a	תִּשְׁעִים, מֵאָה
One hundred and one	me'a ve-eḥad	מֵאָה וְאֶחָד
Two hundred	matáyim	מָאתַיִם
One thousand	élef	אֶלֶף
One thousand and one	élef ve-eḥad	אֶלֶף וְאֶחָד
Two thousand	alpáyim	אַלְפַּיִם
Two thousand and one	alpáyim ve-eḥad	אַלְפַּיִם וְאֶחָד
One million	milyon	מִילְיוֹן
One billion	milyard	מִילְיַארְד

EMERGENCY EXPRESSIONS	BITUYEY ḤERUM	בִּיטוּיֵי חֵרוּם
Help!	hatzilu!	הַצִּילוּ!
Thief!	ganav!	גַּנָּב!
Stop, thief!	tifsu et ha-ganav!	תִּפְסוּ אֶת הַגַּנָּב!
Don't touch me!	al tiga bi!	אַל תִּגַּע בִּי!
Leave me alone!	azov oti	עֲזוֹב אוֹתִי!
Call the police!	hazmen mishtara!	הַזְמֵן מִשְׁטָרָה!
I've lost my way.	ta'iti ba-dérekh.	תָּעִיתִי בַּדֶּרֶךְ
How do I get to this address?	eykh agi'a liktóvet zo?	אֵיךְ אַגִּיעַ לִכְתוֹבֶת זוֹ
I don't feel well.	ani margish bera	אֲנִי מַרְגִּישׁ בְּרַע
Call a doctor!	kra le-rofe!	קְרָא לְרוֹפֵא!
Call a taxi!	hazmen monit!	הַזְמֵן מוֹנִית!
Call an ambulance!	hazmen ambulans!	הַזְמֵן אַמְבּוּלַנְס!
Take me to a first-aid station.	have oti le-taḥanat ezra rishona	הָבֵא אוֹתִי לְתַחֲנַת עֶזְרָה רִאשׁוֹנָה
Take me to the hospital.	have oti le-bet ḥolim	הָבֵא אוֹתִי לְבֵית־חוֹלִים
Take me to a doctor.	have oti le-rofe	הָבֵא אוֹתִי לְרוֹפֵא